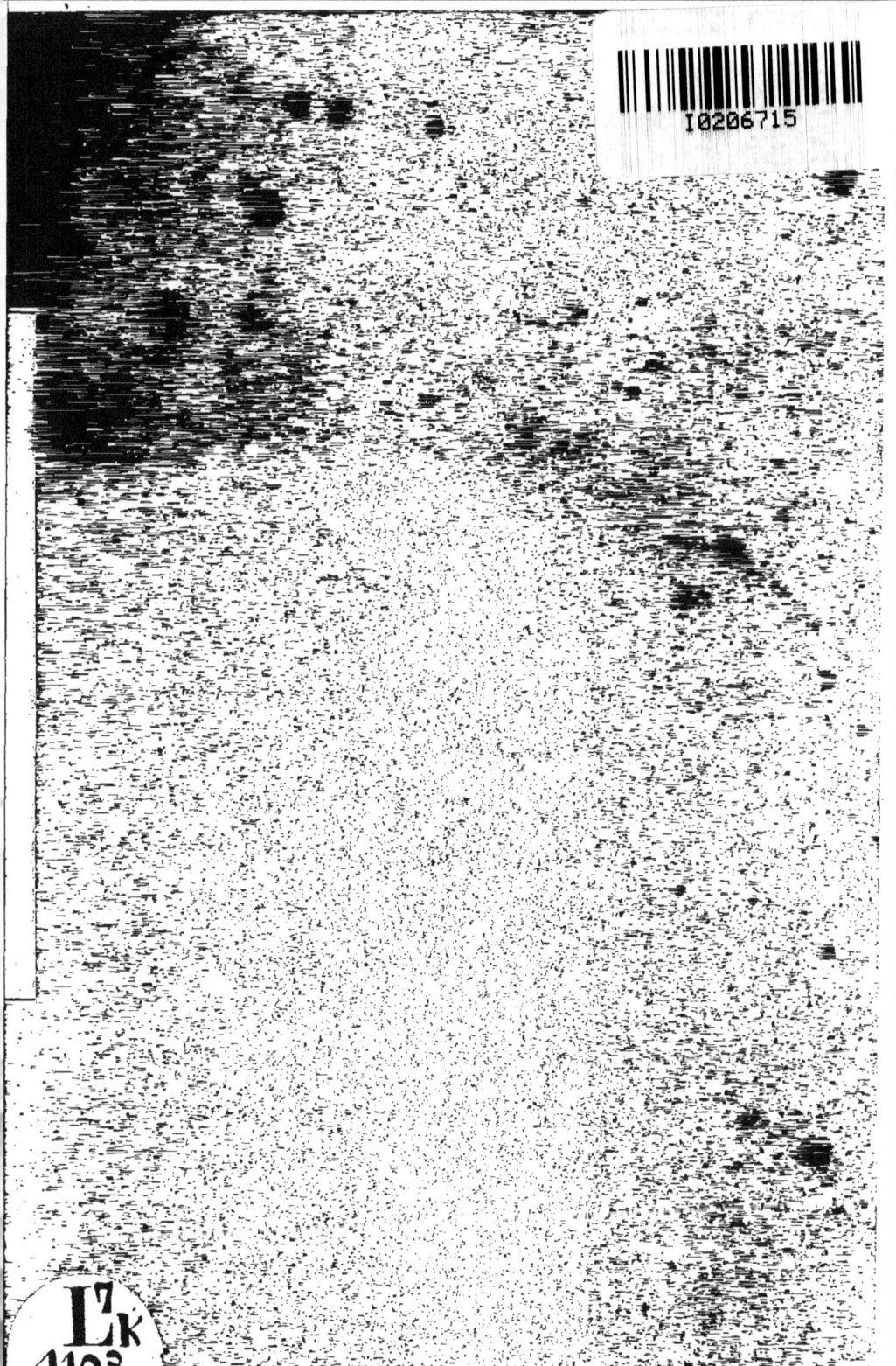

Lk 1108.

NOTICE

SUR LES

VITRAUX DE LA CHAPELLE NOTRE-DAME-DES-ROSES,

ÉGLISE SAINT-SEURIN

(BORDEAUX);

Par M. l'Abbé J. NOLIBOIS,

VICAIRE A SAINT-SEURIN.

SE VEND

au profit des Orphelines de Saint-Vincent-de-Paul,

rue de la Trésorerie, 15.

BORDEAUX

G. GOUNOUILHOU, IMPRIMEUR DE L'ARCHEVÊCHÉ,

place Puy-Paulin, 1.

1856

NOTICE

SUR LES

VITRAUX DE LA CHAPELLE NOTRE-DAME-DES-ROSES,

ÉGLISE SAINT-SEURIN

(BORDEAUX);

Par M. l'Abbé J. NOLIBOIS,

VICAIRE A SAINT-SEURIN.

L'amour effréné et exclusif des formes antiques dans les arts, et surtout dans l'architecture, qui, en Europe, s'empara de tous les cœurs dans le XVIe siècle, eut des conséquences bien désastreuses pour les monuments du moyen âge dans notre belle province de Guyenne. Toutes nos vieilles basiliques, si riches de détails, si nobles dans leurs proportions, et que cependant Fénelon même appelait barbares, tant était grande l'illusion de son siècle, eurent alors beaucoup à souffrir. Bien peu restèrent intactes; presque toutes furent mutilées, et, pour le moins, durent à cet engouement illimité ou une réparation maladroite qui les dégrada, ou une démolition néfaste qu'on pleurera toujours, ou un embellissement parasite qu'on doit, si on ne l'a déjà fait, se hâter de faire

1856

disparaître. Parmi celles que ce déplorable vandalisme a dévastées, Saint-Seurin est au premier rang.

Naguère on ne pouvait, sans gémir profondément, franchir le seuil de cette antique collégiale, jeter les yeux sur ses murailles noires et mutilées, sur son ornementation à contre sens, l'*ignoble badigeon*, le *malencontreux baldaquin*, et sur mille autres bizarreries toutes plus condamnables, dont le souvenir nous échappe en ce moment.

Pendant plus de deux cents ans, ce noble et glorieux édifice a dû rester debout sans recevoir d'autres réparations que des embellissements sans goût et des retranchements barbares. Et si, malgré les vents et les tempêtes, malgré le bras des démolisseurs de quatre-vingt-treize, il a traversé, sans altération essentielle, ce long laps de temps, n'en remercions pas nos pères des derniers siècles, mais soyons-en reconnaissants à la foi seule de nos nobles aïeux, qui n'épargnaient rien pour rendre durable l'édifice qu'ils voulaient élever au Seigneur. Pour eux-mêmes, ils bâtissaient de frêles maisons, et pour Jésus, des temples robustes et presque éternels; ils savaient que ce divin Maître a fixé sa demeure ici-bas jusqu'à la fin du monde, et que l'homme n'est qu'un pèlerin d'un jour auquel il suffit, pour s'abriter ici-bas, d'une tente qui, comme lui, dure quelques heures.

Aujourd'hui, après dix ans de travaux incessants, grâce au concours d'une municipalité généreuse, des nombreux sacrifices que se sont imposés les paroissiens, grâce aussi à l'action intelligente de son bien-aimé Pasteur, qui a su vouloir et attendre (qualités si utiles et néanmoins si rares de nos jours), l'église Saint-Seurin vient de renaître de ses décombres et d'apparaître dans sa splendeur native.

Nous pourrions facilement écrire un gros volume sur toutes les richesses architecturales qui ont été exhumées et mises en relief; sur toutes celles, plus nombreuses et bien conçues, qu'on y a ajoutées; ce travail, nous l'espérons, viendra en son temps. Aujourd'hui, notre tâche est plus exiguë : nous voulons nous borner à donner des explications sur des vitraux nouvellement placés dans cette église.

Il sortira, lisons-nous dans Isaïe, un rejeton de la tige de Jessé, et une fleur naîtra de sa racine. D'après l'enseignement des Pères de l'Église, cette prophétie s'applique à Marie; le rejeton est la divine Vierge, et la fleur, le Christ auquel elle donnera naissance. Tel est le sujet de la magnifique et brillante verrière placée en entrant, à gauche, dans la chapelle de Notre-Dame-des-Roses de l'Église Saint-Seurin. Ce titre *Notre-Dame-des-Roses*, quoique bien ancien, est encore fort ignoré dans notre cité, inconnu même d'un grand nombre d'habitants de la paroisse. Il paraîtrait donc naturel, avant que de parler des ornements qui embellissent cette chapelle, de dire l'origine et la nature du vocable sous lequel elle est placée; mais il convient de nous taire : une plume plus exercée et plus connue nous prépare un travail qui, sur ce pieux sujet, satisfera notre juste curiosité. La notice sur Notre-Dame-des-Roses ne pourra qu'être intéressante, écrite par l'aimable et savant historien de la Grande Sauve.

L'artiste intelligent et modeste, auteur des vitraux qui ornent cette chapelle, l'une des plus belles productions du XVe siècle dans nos contrées, a surpassé l'attente de tous, et, de l'avis des hommes compétents que nous avons pu entendre, M. Villiet a pris sa place parmi les habiles peintres verriers de l'époque.

Au bas du tableau, le juste Jessé est représenté endormi sur un magnifique lit. Tout est beau dans le portrait de ce vieillard : sa pose est naturelle et grave ; sa tête, à laquelle le sommeil a laissé sa douceur et sa majesté, ressort bien sur ce fond bleu d'azur ; ses longs cheveux blancs ajoutent à sa dignité ; sa barbe de neige tombe et ondule avec grâce sur sa poitrine ; les larges et riches draperies de sa robe verte sont admirablement dessinées et coloriées. De la poitrine de ce glorieux patriarche, qui occupe la première place dans le bas du tableau, sort la tige d'un arbre, se divisant en quatre autres tiges qui, en s'élevant, entrelacent dans leurs rameaux et leurs feuilles, des prophètes, des rois des Hébreux, depuis David jusqu'à Jésus-Christ. Sur ce fond délicat bleu-clair, qui, dans les beaux jours, se confond avec l'azur des cieux, ces tiges, leurs branches, leur vert feuillage, se détachent avec grâce et légèreté. Elles sortent de la poitrine de Jessé ; ailleurs, c'est dans le bas de l'estomac qu'elles prennent naissance ; la génération paraît alors toute matérielle ; ici, évidemment, elle s'épure, se spiritualise et sort avec le souffle. Dans une Bible historiale qui se trouve à la bibliothèque publique de Reims, la tige sort de la bouche de Jessé ; dans un autre manuscrit, une Bible latine, elle naît du crâne même de ce vieil et noble ancêtre de Marie et de Jésus.

Qui n'admirerait ici la scrupuleuse exactitude avec laquelle nos pieux artistes traduisaient dans leurs œuvres les paroles de l'esprit de Dieu ? Tout leur était sacré ; ils n'omettaient rien, se servaient de tout pour rendre sensibles, jusque dans leurs plus intimes profondeurs et de la façon la plus ingénieuse et la plus délicate, les mystères de notre foi. Évidemment aussi, dans l'œuvre de M. Villiet, la génération de Jésus par Marie est plutôt intellectuelle que charnelle ; le Christ n'est pas né comme les autres hommes, il a été conçu du Saint-Esprit, *conceptus de Spiritu Sancto*. L'artiste avait à choisir entre ces divers modes : son sens religieux l'a guidé et l'a conduit au vrai.

Auprès de Jessé, de chaque côté de son lit, se trouvent groupés des prophètes et des sages de la Grèce. Le premier, à droite, c'est Isaïe tenant dans ses mains un cartouche déployé sur lequel est inscrite sa prophétie : « Une fleur sortira de cette racine, » qui a fourni au peintre le sujet de son allégorie. A ses côtés, le devin Balaam à la barbe arrondie ; plus loin, Solon l'athénien. De l'autre part, près de Jessé, Ézéchiel ; après lui, Platon. Les deux femmes qui apparaissent aux deux extrémités sont deux sibylles : l'une d'elles, celle de gauche, est cachée en entier ; sa tête seule est visible : c'est la sibylle libyque. Quand elle est mise en évidence, elle tient un cierge à la main et prédit la venue de J.-C. comme lumière du monde. L'autre, celle de droite, est tout à fait en vue ; elle tient une rose épanouie et prédit l'Annonciation. L'artiste n'a rien oublié de ce qui caractérise ces nobles pythonisses.

Un débutant en ichonographie les reconnaît au premier coup-d'œil ; c'est bien leur costume d'une grande richesse, costume de convention où ruissellent les pierres précieuses, où s'étalent mille broderies d'or et de perles ; les vêtements se superposent, robe, tunique fendue sur les côtés, manteau. La stature est haute, la taille vigoureuse, l'âge dans toute sa force ; sur les traits on lit la fierté, l'énergie physique et morale.

Le premier personnage qui se détache, au milieu et au-dessus du patriarche, c'est David, sous les traits d'un vieillard à la barbe arrondie, tenant une harpe dans ses mains. Quoique roi, il n'a pas de sceptre. Venant après Jessé, le prophète royal est assez caractérisé par l'instrument qu'il tient dans ses mains, et dont les sons harmonieux servaient à calmer la fureur de Saül. A la seconde tige, sur le même plan, se trouve Salomon, jeune homme imberbe, tenant dans ses mains un sceptre et la figure d'un temple, pour faire allusion sans doute à ces paroles qui habituellement l'accompagnent et sont de lui : « La sagesse s'est bâtie une demeure, *Sapientia œdificavit sibi domum;* » ou bien, parce qu'il a élevé à Dieu le temple de Jérusalem. Le temple et le livre caractérisent Salomon, comme la harpe David. Sur les dix autres personnages qui sortent de la tige, trois sont rois, comme l'indique leur sceptre ; six sont des prophètes, qui tous, du regard et de la main, montrent au sommet de l'arbre Marie ayant sur son sein le Christ, son divin Fils ; le dernier, à gauche, qui fait face à Marie, tenant devant elle un livre ouvert, est Michée. Ici, ces voyants d'Israël sont muets ; ailleurs, ils apparaissent dans la même pose, mais portant des banderolles sur lesquelles on lit leurs prophéties sur le Messie.

Au-dessus, dans les lobes, sont placées en figures les diverses invocations des Litanies de Marie, le lis, la rose, etc.

Ce vitrail est d'un goût exquis et parfaitement réussi.

Il y avait dans cette allégorie mille difficultés à vaincre ; un peintre ordinaire ne pouvait qu'échouer. Un fond trop bleu eût produit l'effet le plus désagréable ; trop de feuilles et de branches eussent fait disparaître les figures. Ces écueils, M. Villiet les a surmontés et nous a donné un chef-d'œuvre.

Il n'y a que quelques jours encore, quelques érudits archéologues, admettant ces allégories dans la peinture, les fresques, les verrières, ne croyaient pas possible leur reproduction sur la pierre et le marbre. Des figures, disaient-ils, mêlées aux branches et aux feuilles, devaient faire mauvais effet ; du reste, d'après eux, nos pères n'avaient jamais essayé un pareil mélange. Aussi ont-ils appelé du nom d'innovation malheureuse le bas-relief en marbre du maître-autel, ouvrage de M. l'abbé Choyer, où l'artiste traduit cette parole du divin Maître à ses Apôtres : « Je suis la vigne, vous êtes les branches. » Mais quoi ! ces Messieurs ont-ils oublié, ou n'ont-ils jamais su que dans le tympan du portail nord de la cathédrale de Beauvais se trouve sculpté un arbre immense de Jessé ? Les rois et les prophètes, échelonnés de branche en branche, comme autant de boutons d'une même tige, montaient jusqu'à l'enfant Jésus placé dans les bras de sa mère. La Révolution de 93, qui faisait la guerre aux saints et aux rois, même de pierre, les a détruits et pulvérisés, et de ce magnifique travail, il ne reste plus que l'arbre intact, sculpture d'une beauté réelle, due au ciseau d'un artiste du XVIe siècle. Dans le bas-relief en marbre de M. Choyer, ce n'est donc pas l'idée ni la possibilité de reproduire par la sculpture de pareilles allégories qu'il fallait critiquer. Non : l'artiste avait mille exemples pour se justifier ; mais c'est l'exécution qui donne prise au blâme. Ici, le sculpteur a été victime de son imagination hardie. Pour faire un chef-d'œuvre avec le talent que recèle son ciseau, au lieu de marcher seul, d'innover, il n'avait qu'à reproduire sur le marbre son sujet déjà peint par des maîtres en cette matière. La verrière de Troyes, œuvre du peintre Gonthier, lui en offrait un beau modèle. Mais, une fois en train, l'artiste semble avoir oublié son idée pour ne plus s'occuper que de son ciseau, qui, du reste, a produit un chef-d'œuvre de sulpture. Les branches sont d'une vérité qui étonne ; les larges feuilles de vigne frémissent presque au souffle du vent ; mille insectes, mille animaux, répandus çà et là dans le feuillage, sont admirables d'exécution ; les raisins, arrivés à leur maturité, fatiguent les branches : on dirait un cep de vigne plongé durant quelques instants dans une eau pétrifiante, et retiré couvert d'une légère couche de silice. En un mot, tout ce qui est physionomie dans l'arbuste, anatomie dans les animaux, est parfait de ressemblance ; mais l'ensemble pèche : l'allégorie est mal rendue. Les bustes ne sont pas à moitié cachés ; au lieu d'être déguisés dans les branches, ils sont placés sur les feuilles, sans qu'on puisse en deviner la raison. Puis, les figures des Apôtres ont-elles le sens, l'air, les nuances que demande cette allégorie : *Je suis la vigne, vous êtes les branches?* Ce n'est pas nous assurément qui blâmerons M. Choyer de copier les grands maîtres ; mais, en transportant dans ses propres œuvres les idées de ces génies, l'artiste est tenu de les mettre à leur place. La figure de Jésus-Christ est divine dans le tableau de la Transfiguration ; toutefois elle serait très-mal dans une scène de la Passion.

C'est en partie l'erreur dans laquelle M. Choyer paraît être tombé. La cène de Léonard de Vinci, où le sculpteur de notre bas-relief a pris les apôtres, est une fresque vraiment admirable ; mais les sentiments qui animaient les apôtres au moment où Jésus leur dit : « Un de vous va me trahir, » sont-ils les mêmes que ceux qu'il faudrait leur donner dans cette allégorie : « Je suis la vigne, vous êtes les branches ? » La pensée est belle dans le peintre Florentin. Les apôtres, pleins de curiosité, cherchent à deviner le coupable que Jésus a voulu désigner ; tous les visages expriment l'anxiété, l'amour, le trouble, l'indignation. Quel admirable contraste avec Judas, cette figure de traître, haineuse et impassible. Telles ne sont pas assurément les émotions que doivent retracer les figures dans la parabole de la vigne. De plus, est-il juste de placer Judas, branche morte, dans cette allégorie ? Je doute fort que Gonthier l'ait représenté dans sa belle verrière de Troyes.

Dans le bas-relief de M. Choyer, la figure du Christ nous a paru remplie de douceur et de dignité. L'auteur, qui est un sculpteur-prêtre, savait sans doute ce que l'histoire raconte du peintre de l'immortelle fresque du Couvent des Dominicains de *Santa Maria delle Grazie*, à Milan. Après avoir donné à toutes les têtes d'apôtres cette noblesse, cette majesté que tout le monde connaît et que la gravure a immortalisées, craignant de demeurer impuissant à exprimer sur la face du Sauveur sa divine bonté, il s'arrêta sans la terminer. Notre artiste n'a pas reculé devant la difficulté ; il s'est enfermé dans son atelier, et là, ayant fait trêve avec tout le bruit et les distractions du dehors, pour ne s'occuper plus que de la prière et de son marbre, grâce à son bréviaire, son ciseau a mis au jour ce délicieux buste du Christ que bien des maîtres ne renieraient pas pour leur ouvrage.

2ᵉ Fenêtre. — ANNONCIATION.

Sur les grands panneaux de la fenêtre qui suit, en s'approchant de l'autel, est représenté le mystère de l'Annonciation. Marie est placée sur un prie-Dieu, à genoux sur un coussin de velours violet, aux broderies et aux glands d'or, sa main gauche sur les saints Livres, où elle lisait lors de la visite du messager céleste; sa main droite ouverte est étendue vers l'Archange; sa tête est tournée vers lui, le regard baissé vers la terre. Sur ses traits se peint le trouble, mais non la frayeur. Accoutumée qu'elle est à converser avec les Anges, on voit qu'elle est étonnée, non pas de l'apparition, mais des paroles extraordinaires et incroyables qui lui sont adressées : *Turbata est in sermone illius.* Sur le nimbe qui environne sa tête, on lit ces paroles : *Immaculata Virgo,* Vierge Immaculée. Près d'elle est un vase richement décoré, forme antique, au goulot très-étroit, d'où sort un lis d'une éclatante blancheur.

L'Archange, placé sur un nuage brillant de lumière, vient au-devant de Marie; il la salue de la main droite, et de la main gauche, il tient une lance à la flèche d'or, d'où pend une banderole blanche sur laquelle on lit les divines paroles de la Salutation : Je vous salue, pleine de grâce; *ave, gratià plena.* L'Archange porte une robe de cramoisi clair, sur ses épaules un long manteau d'étoffe d'or orné de mille broderies. Les deux figures de Marie et de l'Archange sont d'un fini de dessin, d'une pureté, d'une délicatesse d'expression, qui rappellent les madones du Pérugin ou les anges de Fiésole.

Les dais qui abritent ces figures, dessinés mi-partie jaune, mi-couleur de pierre blanche, tranchent agréablement sur ce fond bleu d'azur. Au-dessous de ce grand sujet, dans les deux petits panneaux, on voit la Visitation, Marie s'avançant et tendant les bras vers sa cousine. Derrière, elle a à droite saint Joseph en costume de voyageur, une main appuyée sur son bâton, et de l'autre soulevant les larges bords de son chapeau pour saluer ses hôtes. A gauche, Élisabeth, quittant à la hâte sa maison, vient, suivie de son époux Zacharie, les bras ouverts vers sa cousine. Dans les lobes de cette fenêtre, sont peintes une porte, celle du ciel, que Marie nous ouvre, deux étoiles, symboles des lumières qu'elle répand sur notre route. *Janua cœli, stella matutina.*

3ᵉ Fenêtre. — NAISSANCE DE JÉSUS-CHRIST; ADORATION DES BERGERS ET DES MAGES.

L'Enfant Jésus est couché sur un peu de paille, placée elle-même sur une croix; ses petites mains sont tendues vers sa mère agenouillée près de lui. Quelle prière que cette adoration de Marie devenue mère! Quelle dignité, quelle suavité, quel amour dans les traits de cette jeune Vierge en contemplation devant son Fils! M. Villiet aime Marie, il l'aime beaucoup, car il est impossible de peindre de pareilles scènes sans avoir au cœur l'amour de cette divine Mère. Qu'il en soit heureux et fier, il marche sur de glorieuses traces; le roi des peintres, Raphaël, aimait Marie. « Toute sa

» vie, nous dit un de ses historiens, il eut pour elle
» un amour d'enfant. Et longtemps avant sa mort, il
» avait manifesté le désir d'être enterré à Sainte-Marie
» de la Rotonde, dans un petit caveau pratiqué dès son
» vivant, et d'après ses dispositions, près d'un autel où
» devait se trouver la statue de Marie, qu'il chargea un
» de ses amis d'exécuter. »

A côté de la Vierge se trouve saint Joseph, les bras ouverts et contemplant cet admirable tableau : les bergers sont vis-à-vis; les deux premiers, dans la maturité de l'âge, sont à genoux; l'un d'eux offre dans ses bras un agneau; à ses côtés pend sa cornemuse : le troisième, jeune homme à peu près de vingt ans, se tient debout derrière eux; sur ses blonds cheveux bouclés, il a placé une couronne de lierre; en signe de joie, il varie des airs sur sa cornemuse. Le mystère est représenté dans une cabane au toit de chaume, ouverte à tous les vents. En Orient, c'est toujours dans une grotte que Marie donne naissance à son Fils, chez les Grecs, les trous de rocher servant d'habitation aux pauvres. En Occident, en France surtout, le terrain et le climat s'opposent à cet usage. Nous avons sous les yeux une fort belle gravure, copie à coup sûr d'un tableau de grand maître, où Jésus est représenté naissant au milieu des débris d'un magnifique palais.

« En France, dit M. Didron, on n'a pas toujours
» tenu compte de la vérité historique. Dans l'église de
» Brou, église toute royale, où le luxe se trahit partout
» avec une sorte d'effronterie, le lieu où le Sauveur
» vient au monde est un magnifique retable d'albâtre,
» un palais plutôt qu'une cabane; la porte de cette
» écurie est un arc-de-triomphe. »

Ce mystère s'accomplit pendant la nuit ; aussi, à travers les planches entr'ouvertes de l'étable, aperçoit-on au-dehors les ténèbres, le ciel étoilé.

Sur les deux petits panneaux du bas est peinte l'Adoration des Mages. Ce sujet y est parfaitement reproduit, surtout à la façon antique, sans innovation, tel que la tradition nous l'a enseigné. En étudiant ce vitrail, le Manuel d'ichonographie sous les yeux, on est ravi de l'à-propos de tous les détails, de l'habileté avec laquelle, sans être plagiaire, M. Villiet a su profiter des travaux des peintres anciens. Leurs défauts de dessin, il les a toujours évités, et leurs beautés d'agencement et de coloris, il les a reproduites, souvent même surpassées. Marie est assise sur un siége de pierre, tenant l'Enfant Jésus sur ses genoux. Tout, figures, mains, draperies, jusqu'au linge blanc dont elle enveloppe son Fils, tout est d'un fini de lignes, d'un coloris qui ravit. La tradition a conservé les noms des trois Mages : le plus âgé s'appelle Gaspard ; celui qui est d'âge mûr, Melchior ; Balthazar est le plus jeune, sans barbe, ordinairement de race nègre, à grosses lèvres, nez épaté et cheveux crépus. Les Mages retournèrent à cheval dans leur pays ; l'espace manquant au peintre pour y marquer cette circonstance, il l'a ingénieusement consignée sur le panneau visible du siége où est placée Marie.

Au haut de la fenêtre, dans le lobe de droite, est dessinée une petite tour : c'est la tour d'ivoire, *turris eburnea*. Dans l'autre lobe, à gauche, apparaît un gracieux petit coffre : c'est l'arche d'alliance, *fœderis arca*. Tous ces symboles, comme tout le monde le sait, sont empruntés aux Litanies de la Sainte Vierge.

4ᵉ Fenêtre. — PRÉSENTATION DE JÉSUS AU TEMPLE.

La Présentation de Jésus au Temple est le sujet du quatrième vitrail. Ce mystère, peint sur mille verrières, et à toutes les époques, se trouve toujours reproduit de la même façon. C'est un temple couronné d'une coupole. Ici, faute d'espace, le peintre a dû omettre ces préliminaires ; mais la table recouverte d'un blanc tapis de soie aux franges d'or s'y trouve, quoique partagée en deux parties par le meneau de la fenêtre. L'encensoir n'a pu y trouver sa place. Saint Siméon, dont le nom est inscrit autour du nimbe qui environne sa tête, prend l'Enfant Jésus dans ses bras et lève ses yeux au Ciel. Dans son regard, sur sa bouche mi-ouverte, sur tous ses traits, on lit le cantique où il soupire après la mort, satisfait d'avoir contemplé le Messie. Cette figure est admirable d'expression, de joie calme, d'enivrement contenu ; on dirait une de ces belles têtes de vieillards que Cimabué peignait si bien, et dont il a enrichi les murs de l'église inférieure d'Assise. De l'autre côté de la table, Marie tend les bras vers son Fils, et, comme dans les autres tableaux, elle a toujours son long manteau bleu semé de mille étoiles et brodé d'or et d'argent ; sa tête est gracieusement ombragée d'un voile blanc légèrement azuré. Cette figure est céleste : dans tous ses traits respirent la dignité, la douceur, l'innocence. Saint-Joseph se trouve placé derrière elle, portant l'offrande des pauvres pour le rachat de son fils, deux tourterelles dans un panier d'osier. Anne la prophétesse est en grande partie cachée par le vieillard Siméon ; sa figure seule apparaît au-dessus des épaules du prophète. Ses traits grossis, sa peau ridée et brune, rappellent son grand âge; le voile blanc et épais qui encadre son visage indique une personne étrangère au monde et consacrée au Seigneur.

Au-dessous, dans l'un des petits panneaux, à gauche, se trouve représenté le songe de Joseph avant sa fuite en Égypte. Joseph est endormi dans une chambre qui paraît être son atelier, car divers outils sont appendus à la muraille, un ciseau, une hache, une scie. L'ange s'approche de lui, d'une main le réveille, et de l'autre lui fait signe qu'il doit se lever pour fuir. La lumière que le messager céleste apporte avec lui, et qui l'environne, éclaire tout l'appartement. Aussi, pour rappeler que cette apparition eut lieu pendant la nuit, *in somnis apparuit... accepit puerum... nocte,* à travers la fenêtre ouverte, on aperçoit une montagne enveloppée des ombres de la nuit, et au ciel scintiller mille étoiles.

Dans l'autre panneau parallèle, se dessine la fuite en Égypte; Marie est assise sur un âne, tenant l'enfant Jésus sur ses genoux; au-devant, saint-Joseph, tourné un peu vers Marie, tient d'une main les rênes de la monture, et de l'autre, un bâton appuyé sur son épaule, au bout duquel est placé le sac des provisions du voyage. En Italie, mais rarement en France, c'est un ange qui dirige les divins exilés. La souffrance et l'inquiétude sont peintes sur le visage des deux voyageurs. Marie a les yeux fixés sur son divin Fils, dont elle épie tous les mouvements, compte tous les soupirs. Elle a le costume de voyage; son long manteau l'enveloppe en entier et ne laisse voir aucun pli de sa robe. Le sujet tel que l'a reproduit ici M. Villiet se trouve à Notre-Dame de Paris, clôture du chœur, sur les vitraux de Chartres et de Troyes. Au fond, au milieu des ombres de la nuit, on voit divers édifices s'écrouler lors du passage de Jésus, suivant le récit de la légende dorée, ainsi conçue : « A » l'arrivée du Seigneur en Égypte, toutes les idoles se » brisèrent, comme l'avait prédit Isaïe. » *Ingrediente Domino Ægyptum, secundum Isaïæ vaticinium, universa idola corruerunt.* Cette verrière est un don de feu M. Amédée de Carayon La Tour. Ses armes ornent les deux lobes de cette fenêtre.

5ᵉ Fenêtre. — COURONNEMENT DE MARIE.

Le cinquième et dernier vitrail, celui du milieu de l'abside, rappelle le couronnement de Marie lors de son Assomption. L'apothéose au ciel de la divine Vierge, après ses divers mystères accomplis sur la terre, termine bien cette brillante galerie.

Au milieu du tableau, à gauche, Jésus est assis, à moitié enveloppé dans un splendide manteau de pourpre orné de mille pierreries, tenant dans ses mains une couronne d'or. Marie est devant lui à genoux, les bras placés sur sa poitrine, la tête légèrement inclinée pour recevoir la couronne que son Fils va lui décerner. A côté de Marie, le Père Éternel apparaît; sur sa tête brille une triple couronne d'or; son regard est tourné vers sa fille; de la main droite il la bénit, de l'autre il tient la boule du monde. La belle figure du vieillard est admirablement rehaussée par sa longue barbe; ses longs cheveux sont rendus avec une étonnante vérité. Nous sera-t-il permis de dire que nous trouvons l'âge de Marie trop avancé ? L'artiste semble avoir oublié que les corps des bienheureux réhabilités par la puissance du Rédempteur apparaîtront dans leur première jeunesse. Marie a les traits d'une jeune fille de quinze ans dans le tableau du *Jugement dernier,* chef-d'œuvre de Michel-Ange.

La fenêtre est fort étroite pour un si grand sujet ; aussi pouvons-nous avancer que l'exiguité de l'espace a empêché l'artiste de donner aux divers personnages qui composent ce tableau, la place où, mieux exposés, ils eussent produit un plus bel effet. Les anges, relégués dans le bas du tableau, eussent été mis sur la scène même, mêlés aux personnes divines, applaudissant au triomphe de la Mère de Dieu, et accompagnant leurs chants d'allégresse du son de l'orgue et de leurs divers instruments. Ce délicieux groupe d'anges, si pur, si suave, si joyeux, nous rappelle celui que le peintre d'Urbin, Raphaël, a placé dans le bas de son tableau du *Mariage de la Vierge,* ce fameux *Sposalizio,* composition de son second faire, où son âme tendre, généreuse, pleine de grâces, commence à se faire jour, laissant déjà bien loin les formes graves et parfois rudes de son maître le Pérugin.

Dans le lobe du milieu, se trouve l'Esprit-Saint remplissant Marie de ses dons, et dans les autres lobes, on voit deux anges tenant dans leurs mains une banderole sur laquelle on lit : Venez du Liban et vous serez couronnée, *veni de Libano et coronaberis.*

Dans cette verrière du couronnement de Marie, M. Villiet a traduit en partie ces paroles de la légende dorée, que nous nous plaisons à citer : « L'âme de Marie » s'envola dans les airs au milieu de la foule des Anges; » elle fut reçue au Ciel par son Fils, qui l'embrassa et

» l'habilla de clarté. Là, elle est entourée de la compa-
» gnie des Anges, enclose de la foule des Archanges,
» possédée des trônes, ceinte du chant des dominations,
» environnée de l'empressement des Apôtres, serrée dans
» les embrassements des Princes, honorée des vertus,
» louangée des Chérubins, célébrée par les Séraphins.
» La Trinité se réjouit sur elle, les Martyrs la supplient,
» les Confesseurs la prient, les Vierges l'entourent
» d'harmonie, et l'enfer même hurle de rage devant sa
» gloire. »

Évidemment c'est cette scène qu'a reproduite l'artiste ; si elle n'y est pas complète, si tous les charmants détails que nous venons de lire n'y sont reproduits, la faute vient de l'espace qui a manqué à son pinceau.

La même légende raconte « que saint Thomas, incré-
» dule à la résurrection de Jésus-Christ, ne voulut pas
» ajouter foi tout d'abord à l'Assomption de Marie. Ar-
» rivé près du tombeau, qu'il trouva vide, il ne parut
» pas assuré du miracle : portant alors ses yeux au ciel,
» il vit Marie qui y montait au milieu des anges et des
» saints. Au même moment, la ceinture de Marie tomba
» du ciel, comme autrefois tomba sur Élisée le manteau
» d'Élie. Saint Thomas crut alors plus fermement que
» les autres. »

Cette délicieuse invention est reproduite sur un vitrail qui orne la chapelle latérale nord de l'église de Brou. Ne serait-ce pas cette pieuse histoire, sans doute apocryphe, qui aurait fourni à Raphaël le magnifique sujet de son *Couronnement de Marie*, douce et pure conception, si bien placée à côté de son chef-d'œuvre, la *Transfiguration de Jésus-Christ!* Les Apôtres, voyons-nous dans le tableau de Raphaël, après avoir enseveli leur mère, vont au tombeau ; ils lèvent le couvercle, et, à la place du corps de leur mère, ils ne voient que des lis, des roses ; roses, lis, comme savait les peindre Raphaël. La tête penchée dans le tombeau, les Apôtres ont l'air triste, éperdu, désolé. L'un d'eux, ce n'est pas saint Thomas, car il ne reçoit pas de ceinture, mais bien saint Jean, facile à reconnaître à sa jeunesse, à ses traits délicats et purs, mieux inspiré que les autres, regarde au Ciel et voit Marie entourée de la cour céleste, couronnée par son Fils.

Quelle admirable scène ! Les figures sont si vraies, si vivantes, que le spectateur discret n'ose les fixer, et baisse ou détourne les yeux, comme il le ferait devant un haut personnage dont il voudrait saisir les traits, mais qu'il craindrait d'outrager en le contemplant outre mesure. Quand on a vu de pareils chefs-d'œuvre, on s'explique le deuil universel de Rome chrétienne à la mort de son peintre, et on comprend ce qui d'abord nous a paru exagéré, et que raconte l'histoire : « Au » moment où on s'apprêtait à descendre le corps de Ra-» phaël dans la tombe, on vit apparaître Léon X, qui » se prosterna, pria quelques instants, bénit le corps, » et lui prit pour la dernière fois la main, qu'il arrosa » de ses larmes. »

Cette verrière est un don de Son Éminence le Cardinal Donnet, Archevêque de Bordeaux, dont la munificence, comme celle du Pontife romain, depuis longtemps donne vie à l'art religieux dans son vaste diocèse.

Notre Notice sur les vitraux de Notre-Dame-des-Roses était terminée lorsque nous avons appris que cette chapelle, si riche d'architecture et l'une des plus belles de notre cité, allait être prochainement restaurée, grâce à la libéralité d'une âme généreuse. Cette nouvelle, nous en sommes sûrs, sera reçue avec joie par les habitants de la paroisse.

Bordeaux. — G. GOUNOUILHOU, imp. de l'Archevêché, pl. Puy-Paulin, 1.

www.ingramcontent.com/pod-product-compliance
Lightning Source LLC
Chambersburg PA
CBHW060618050426
42451CB00012B/2307